Christian Beaumelou

Jeanne d'Arc

annoté

par

Keizaburo Maruyama

TOKYO

ÉDITIONS ASAHI

AVANT-PROPOS

Les travaux du CREDIF (Centre de Recherches pour l'Etude et la Diffusion du Français) ont montré qu'il existe un vocabulaire et une grammaire **fondamentaux** de la langue française. Cette découverte a révolutionné l'enseignement du français langue étrangère. Grâce à elle, il est possible d'enseigner mieux et plus vite le français de tous les jours. Mais si le **Français Fondamental** permet surtout aux étudiants étrangers d'apprendre facilement la langue parlée et de communiquer aisément avec des francophones, il permet aussi d'écrire pour ces étudiants des textes qui sont à la fois faciles à lire et écrits en **vrai** français.

Les textes de cette collection sont écrits suivant ces principes, et aussi en tenant compte des difficultés particulières des étudiants japonais. Ils doivent être lus **sans dictionnaire**: la forme des phrases et le vocabulaire sont choisis pour que le lecteur étranger comprenne immédiatement le sens général. (Des notes en japonais aident à comprendre les mots et les tournures qui pourraient être un peu difficiles.) Si le lecteur fait l'effort de lire chaque phrase sans s'arrêter, il sera surpris de s'apercevoir qu'il comprend et que la lecture devient de plus en plus facile à mesure qu'il avance. Il découvrira aussi que ce n'est pas le sens d'un mot qui permet de comprendre la phrase, mais que c'est le sens de la phrase qui permet de comprendre les mots.

C. BEAUMELOU

TABLE DES MATIERES

AVANT-PROPOS

    I. DOMRÉMY 1

   II. CHINON 10

  III. ORLÉANS 17

  IV. REIMS 25

   V. COMPIEGNE 34

  VI. ROUEN...38

 VII. *EPILOGUE* 56

<さし絵>　福島令子

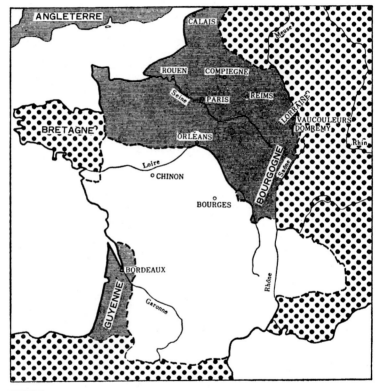

Territoires occupés par les Anglais et les Bourguignons

 Pays neutres

LA FRANCE EN 1428

I

DOMRÉMY

Le 9 janvier 1431, une jeune fille mince et pâle se tient debout, toute seule, au milieu de la grande salle du Palais de Justice[1] de Rouen, en Normandie. Elle a les cheveux rasés. Elle porte une longue robe de toile blanche. Une grosse corde attache ses mains. *
Elle est prisonnière. En face d'elle, des hommes sévères sont assis dans de grands fauteuils de bois. Ils portent de riches habits et bien qu'ils parlent français, quelques-uns d'entre eux sont anglais. Ce sont tous[2] des juges: ils interrogent la jeune fille. *

—Quel est votre nom?

—Dans mon pays, on m'appelait Jeannette, et lorsque je suis venue en France, on m'a appelée Jeanne.

—Où êtes-vous née?

—Je suis née dans la ville de Domrémy, en Lorraine. *

—Quel âge avez-vous?

—Dix-neuf ans, je crois.

—Quel est le nom de votre père et celui de votre

---

1) **Palais de Justice**: 裁判所.
2) **tous**: 代名詞の tous は [tus] と発音する.

比較 $\begin{cases} \text{Ils sont } tous \text{ contents. (代名詞)} \\ \text{Ils sont } tout \text{ contents. (副詞)} \end{cases}$

1

mère?

— Mon père s'appelle Jacques d'Arc, et ma mère Isabelle.

— Avez-vous appris un métier dans votre jeunesse?

* — Oui, à coudre la toile et à filer la laine. Quand j'étais chez mon père, je m'occupais aux travaux de la maison, et aussi j'allais parfois garder les moutons dans les champs...

Ainsi va commencer la légende d'une petite bergère
* qui vient de sauver son pays et son roi.

Aujourd'hui, la statue de cette petite bergère est dans toutes les églises catholiques du monde entier; chaque ville, chaque village de France a au moins une rue ou une place qui porte son nom, ce nom
* qui, depuis six cent cinquante ans, est dans tous les livres d'histoire et dans la mémoire de tous les Français : *Jeanne la bonne lorraine, la Pucelle*[1] *d'Orléans,* — JEANNE D'ARC !

*　　　*　　　*

Nous sommes en 1425, la France est en guerre avec
* l'Angleterre depuis près de cent ans ! Et dans cette

---

1) **pucelle** : 処女 (puceau 童貞) la Pucelle d'Orléans オルレアンの少女.

2) **royaume** : 王国, *cf.* empire 帝国, république 共和国.

3) **duc** : 公爵 (duchesse 〜夫人), *cf.* marquis 侯爵 (marquise 〜夫人), comte 伯爵 (comtesse 〜夫人), vicomte 子爵 (vicomtesse

guerre, les Français ont été, jusqu'à maintenant, presque toujours vaincus. Aussi, les Anglais occupent près de la moitié du royaume[2] de France : ils sont à Bordeaux, à Rouen, et même à Paris. Une autre partie du royaume appartient au Duc[3] de * Bourgogne. Le Duc de Bourgogne est le cousin du roi de France. Mais il est l'allié du roi d'Angleterre. D'ailleurs, depuis vingt ans, le roi de France est fou : un jour, alors qu'il chassait dans la forêt, un homme est sorti tout à coup de derrière un arbre ; * le cheval a eu peur et le roi est tombé. Il a cru qu'on voulait l'assassiner. Il a été si effrayé qu'il est devenu fou. Mais il est le roi, et tant qu'il est vivant[4], personne ne peut le remplacer. Vraiment, comme son roi, la France est bien malade. *

La petite ville de Domrémy n'est pas en France : elle est en Lorraine, et la Lorraine appartient au Duc de Bourgogne. Pourtant, les habitants de Domrémy ne sont pas pour[5] les Anglais. Dans la maison de Jacques d'Arc, on parle souvent du roi de France * qui a perdu son royaume, et on espère qu'un jour il le retrouvera.

~夫人), baron 男爵 (baronne ~夫人).
4) **tant que...:** ...する限り aussi longtemps que...
5) **les habitants de Domrémy ne sont pas pour les Anglais:** ドムレミーの住人たちはイギリス人の味方ではない. pour は contre の反意語.

3

Jacques d'Arc est un brave paysan[1] qui possède un peu de terre et quelques moutons. Comme beaucoup de paysans, il a de nombreux enfants. Sa femme, Isabelle, les élève avec courage, dans la
* religion du Christ[2]. Un jour, Jacques d'Arc a fait un rêve bizarre : « J'ai rêvé que ma fille Jeannette s'en allait de la maison avec des soldats. Bien sûr, ce n'est qu'un rêve, mais si cela devait vraiment arriver, j'aimerais mieux voir ma fille noyée. »

* Mais Jeannette ne pense pas à partir avec des soldats[3]. Quand ses petits camarades vont se battre contre les enfants du voisinage, elle reste sagement à la maison. Le dimanche[4], les garçons et les filles de son âge se réunissent, pour pique-niquer, sous le
* grand *Arbre des Dames,* qu'on appelle aussi l'*Arbre des fées.* Mais Jeannette ne va pas avec eux. Elle aime mieux aller à l'église, pour prier, ou rendre visite aux malades. Elle est très douce, très bonne, et à Domrémy, tout le monde l'aime beaucoup.

*　　*　　*

---

1) **un brave paysan**：律気な百姓. brave という形容詞は, 名詞の後におかれると「勇敢な」, 名詞の前におかれると「正直な, 律気な, 立派な」という意味になる.

2) **Christ**：単独では [krist] と発音されるが, Jésus-Christ は [ʒezykri] と発音される方が多い (特にカトリックの場合).

3) **penser à＋*inf.*：** ～しようと考える.

4) **le dimanche**：毎日曜日. 曜日の前に le を付すと, chaque ～, tous les ～s の意.

4

Ce jour de l'été 1425, Jeannette est toute seule dans un champ. Elle garde ses moutons, en filant de la laine. Il fait très beau. Un vent léger fait trembler les feuilles des peupliers, au bord de la
* Meuse, cette jolie rivière qui serpente[1] paresseusement dans la vallée de Domrémy. Il est midi. Comme tous les jours à la même heure, les cloches sonnent en haut du clocher de l'église Saint-Rémy. C'est l'*Angélus*[2], la prière que tous les chrétiens
* doivent dire trois fois par jour, le matin, à midi et le soir. Les cloches sonnent pour le leur rappeler. Jeannette pose sa laine et se met à genoux. Elle joint les mains et, en latin, elle commence à prier : "*Angelus Domini nuntiavit Mariae...*[3]"

* Alors, tout à coup, une grande lumière apparaît entre les arbres et de la lumière sort une voix. Jeanne est très effrayée.

— Jeanne, dit la voix, Dieu t'a choisie pour sauver la France. Il faut que tu te lèves, que tu partes
* pour la France avec des soldats. Il faut que tu ailles trouver le Dauphin[4] et que tu le conduises à Reims pour qu'il y soit sacré roi. Ensuite, avec lui,

---

1) **serpenter :** (川，道などが) 蛇行する.
2) **Angélus** [ɑ̃ʒelys] : (朝・昼・晩の) 御告げの祈り．また，これを知らせる鐘.
3) **Angelus Domini nuntiavit Mariae...** : Le messager du Maître annonça à Marie... 主の御使いがマリアに告げた...

tu chasseras les Anglais hors du royaume de France.

— Mais comment pourrai-je faire cela, moi qui ne suis qu'une pauvre bergère?

— Ne crains rien, puisque Dieu t'aidera! Il m'a envoyé pour cela. Je suis l'archange Saint-Michel. *
Tu entendras ma voix chaque fois que tu auras besoin de l'aide de Dieu.

Mais elle n'a que treize ans, et elle comprend que le moment n'est pas encore venu de partir. Elle ne dit rien à personne, ni à ses parents ni même au curé[5]. *
La voix revient souvent parler à la petite bergère. Parfois, Saint Michel est accompagné de Sainte Catherine et de Sainte Marguerite. Les trois envoyés de Dieu répètent à Jeannette qu'elle doit partir. Un jour, elles lui disent : *

— Va à la ville de Vaucouleurs. Il y a un capitaine du roi qui s'appelle Robert de Baudricourt. Tu lui demanderas[6] de te donner des soldats pour t'accompagner auprès du Dauphin.

En France, on appelait *Dauphin* le fils ainé du roi, *
celui qui devait lui succéder. Charles VI, le roi fou, est mort en 1422. Le Dauphin lui aussi s'appelle

---

4) **dauphin**：王太子.
5) **curé**：(旧教の) 主任司祭, *cf.* pasteur (新教の) 牧師, prêtre (一般に) 僧, 聖職者.
6) **Tu lui demanderas…**：Demande-lui… と同義. このように, 単純未来形は, 命令の意に使われることが多い.

7

Charles. Pour devenir roi, il doit aller à Reims et y être couronné dans la magnifique cathédrale. Mais Reims est en Champagne, et la Champagne est en pays bourguignon. Si le Dauphin y va, il sera aus-
* sitôt prisonnier des Anglais. Aussi, la France n'a pas de roi...

Sans prévenir ses parents, Jeannette se rend à Vaucouleurs, qui n'est pas très loin de Domrémy. Elle ne reviendra jamais dans son village. Elle ne
* reverra jamais ses parents.

*   *   *

Robert de Baudricourt refuse d'abord d'écouter cette bergère qui prétend que Dieu lui demande de sauver la France. Mais Jeannette insiste si fort qu'il finit par lui donner[1] une escorte de soldats et un
* cheval. Jeannette se fait couper les cheveux[2] comme un garçon, met des vêtements d'homme, et suivie de ses compagnons elle se met en chemin. Ses voix lui ont dit qu'elle trouverait le Dauphin à Chinon. En marchant de nuit[3] pour éviter les soldats bour-

---

1) **il finit par lui donner...：** 彼はとうとう...を彼女に与える，*cf.* commencer par まず～する.

　比較 { Elle finit *par* pleurer.
　　　　Elle finit *de* pleurer.

2) **se fait couper les cheveux**: 自分の髪を刈らせる. se faire＋ *inf.* は，① 使役「～させる」と ② 受身「～される」があること

8

guignons ou anglais, elle arrive dans la petite ville de la vallée de la Loire, après onze jours de chevauchée[4].

に注意.

比較 { Elle *se fait faire une robe* par sa couturière.
      { Elle *se fait gronder* par son père.

3) **de nuit**: 夜分に, pendant la nuit.
4) **chevauchée**: 馬に乗っていくこと, 騎行.

II

CHINON

Sur le sommet d'une colline un énorme château-fort[1] se dresse, entouré de murailles épaisses : c'est le château de Chinon. Aujourd'hui il ne reste de ce château que des ruines. Mais le 25 février 1429,
* au moment où le Dauphin s'apprête à[2] recevoir une jeune bergère qui se prétend envoyée par Dieu pour le sauver, c'est encore une solide forteresse[3] et une magnifique demeure.

Le Dauphin est un jeune homme de vingt-cinq
* ans, timide et inquiet, qui n'est même pas sûr d'être vraiment le fils du roi. Sa mère, la méchante reine Isabeau de Bavière lui a dit qu'il était un bâtard[4] ; son père, Charles VI, le roi fou, l'a déshérité. Pourtant les Français le veulent pour roi. S'il n'est pas
* couronné, le roi de France, ce sera son cousin Henri de Lancastre. Et Henri de Lancastre est déjà roi d'Angleterre sous le nom d'Henry VI ! Déjà à Paris, occupé par les Anglais, on a couronné Henri VI roi

---

1) **chateau-fort** : 城砦.
2) **s'apprêter à**＋*inf.* : 〜する用意（支度）をする.
3) **forteresse** : 要塞，砦.
4) **bâtard** : 私生児.
5) **basilique** : 大寺院，大教会堂.

10

de France dans la basilique[5] de Saint-Denis, cette vieille église dans laquelle tous les rois de France sont enterrés après leur mort.

Mais les Français n'acceptent pas ce roi étranger. D'ailleurs, ce n'est pas à Paris mais à Reims que le * vrai roi de France doit être couronné. Aussi le Dauphin Charles garde autour de lui de fidèles amis qui espèrent qu'un jour enfin il sera le roi Charles VII.

Pourtant, à Chinon, le Dauphin a hésité à recevoir * cette jeune fille qui veut le conduire à Reims et chasser les Anglais. Elle dit qu'elle est envoyée par Dieu, mais c'est peut-être une folle, peut-être même une sorcière possédée du démon[6] ! Certains de ses conseillers, pourtant, lui ont dit :   *

— Puisqu'elle se dit envoyée par Dieu[7] et qu'elle prétend qu'elle a quelque chose à vous dire, recevez-la et écoutez-la. Vous la ferez ensuite examiner par des docteurs et des prêtres et vous verrez ainsi si elle est saine d'esprit[8] et bonne chrétienne. D'ail- * leurs, votre royaume est si malade et si près de disparaître que vous ne risquez rien à l'écouter : même

---

6) **sorcière possédée du démon**：悪魔にとりつかれた魔女.

7) **elle se dit envoyée par Dieu**：彼女は自分が神から使わされた と言っている.

8) **sain(e) d'esprit**：精神の健全な, *cf*. sain(e) de corps.
　　Un esprit sain dans un corps sain.

si elle ne rend pas la situation meilleure, elle ne peut pas la rendre plus mauvaise!

Le Dauphin a écouté leurs conseils et maintenant il s'apprête à recevoir la petite bergère de Domrémy.

* C'est le soir. La grande salle du château de Chinon est illuminée par plus de cinquante torches qui brûlent le long des murs. Dans la large et haute cheminée, un grand feu est allumé. Plus de trois cents chevaliers[1] sont là, debout. Le Dauphin est
* au milieu d'eux. Il est habillé très simplement et rien ne montre qu'il est le Dauphin: Si Jeanne est vraiment envoyée par Dieu, elle doit pouvoir le reconnaître aussitôt, bien qu'elle ne l'ait jamais vu.

Tout à coup un grand silence se fait: au fond de
* la salle, la grande porte vient de s'ouvrir et la petite bergère apparaît. Elle a quitté ses habits de garçon et elle porte maintenant une simple robe de laine. Elle n'est pas intimidée, ni par l'immense salle qui s'ouvre devant elle, ni par ces beaux chevaliers qui
* la regardent en silence, ni par la présence du Dauphin, qu'elle ne voit pas encore mais qu'elle sait être là[2]. Sans hésiter elle s'élance au milieu des groupes d'hommes silencieux qui s'écartent pour la laisser

---

1) **chevalier:** (中世の) 騎士.
2) **le Dauphin (…) qu'elle sait être là:** (直訳＝彼女が，そこにいることを知っている王太子) 彼女は，王太子がそこにいることを知っている.

passer. Elle se dirige droit vers l'autre bout de la salle, vers la cheminée devant laquelle un homme grand, vêtu d'un manteau d'or, la regarde venir. Mais elle ne le voit même pas. Au moment où elle va se trouver devant lui, elle tourne la tête vers une * haute fenêtre. Appuyé contre la fenêtre, le Dauphin est caché par un groupe de chevaliers.

Jeanne s'approche du Dauphin et lui fait une profonde révérence[3]. On dirait que[4] cette petite bergère a toujours vécu parmi les grandes dames de * la Cour !

— Très noble Seigneur Dauphin, je suis envoyée par Dieu pour vous sauver, vous et votre royaume.

— Mais je ne suis pas le Dauphin. Voyez, il est là-bas : c'est cet homme devant la cheminée, qui porte * un manteau d'or.

— Gentil Seigneur, le Dauphin c'est vous et pas un autre. Vous êtes le véritable fils du roi et au nom de Dieu je vous conduirai à Reims pour y être couronné. *

Dans la salle tous les chevaliers sont émerveillés. Maintenant, tout le monde est sûr que la jeune fille dit vrai[5] : elle est bien envoyée par Dieu, puisqu'elle

---

3) **faire une profonde révérence**: うやうやしくお辞儀をする.
4) **On dirait que…**: …のようだ, らしい.
5) **dire vrai**: 本当のことを言う, *cf.* à vrai dire 実を言えば.

13

a tout de suite reconnu le Dauphin qu'elle n'avait jamais vu !

Jeanne a attiré le Dauphin dans le coin de la fenêtre et elle lui dit tout bas :

* — Seigneur Dauphin, un jour vous êtes entré dans une église et, dans votre cœur, sans prononcer une seule parole, vous avez adressé une prière à Dieu. Dieu et vous seuls connaissez cette prière. Eh bien moi je peux vous dire ce que vous avez demandé à
* Dieu ce jour-là.

Et Jeanne répète au Dauphin la prière qu'il avait faite dans le secret de son cœur. Le Dauphin est très impressionné. Il est aussi très heureux parce que Jeanne lui a dit qu'il était le vrai fils du roi. Mais
* il craint encore d'être trompé et il fait examiner Jeanne par des prêtres et par des docteurs.

Pendant quinze jours, la jeune fille est interrogée. Mais tous ceux qui l'interrogent sont frappés[1] par sa sagesse et sa piété. Vraiment, Jeanne est une
* jeune fille tout à fait normale et une très bonne chrétienne. Le Dauphin est rassuré.

*   *   *

Avant de pouvoir conduire le Dauphin à Reims, Jeanne doit accomplir une première mission[2]. Les

---

1) être frappé(e) par ～ : ～によって驚かされる.
2) mission : 使命, 任務.

14

Anglais assiègent la ville d'Orléans, sur la Loire. S'ils parviennent à prendre[1] cette ville importante, ils pourront ensuite conquérir sans peine ce qu'il reste du royaume de France. Les habitants d'Orléans
* se défendent courageusement. Mais le Dauphin n'a plus assez d'argent ni assez de soldats pour aller à leur secours.

Jeanne affirme qu'elle obligera les Anglais à abandonner Orléans. Le Dauphin rassemble les soldats
* qui lui sont encore fidèles. Il fait faire pour Jeanne une solide armure de fer. Il lui donne une épée et un étendard et il la nomme capitaine. Désormais, les soldats vont respecter cette jeune fille de dix-sept ans et lui obéir comme à n'importe quel capitaine
* de guerre[2].

---

1) **parvenir à+inf.** : 〜することに成功する.
2) **comme à n'importe quel capitaine** : どの隊長にもそうするように.
3) **grand-chose** : （否定文にのみ用いる）大したこと（もの）…はない. quelque chose, rien, quelqu'un, personne と同じように, 中性

16

III

ORLÉANS

Mes amis que reste-t-il
A ce Dauphin si gentil?
Orléans, Beaugency,
Notre-dame de Cléry,
Vendôme, Vendôme...   *

Aujourd'hui encore, les petits enfants français
chantent cette chanson qui a plus de six cents ans.
En 1429, quand Jeanne se met en route pour délivrer
Orléans, il ne reste pas grand-chose[3] au "gentil
Dauphin" sur la rive droite de la Loire !   *

A Orléans, la Loire est un fleuve[4] très large avec
des îles nombreuses. Un grand pont permet de le
franchir. Depuis près de cinq mois, les Anglais
entourent la ville. Ils ont construit des barrières
pour empêcher les habitants de la ville de sortir et *
des *bastides*[5] pour empêcher les secours d'entrer dans
la cité. Au sud du fleuve, sur la rive gauche, ils ont

で，形容詞を添える時は de を介する．Il n'y a pas grand-chose
de bon.
4) **fleuve**：海に注ぐ比較的大きい川．海以外の水流に注ぐ川は，大
小に関係なく rivière であることに注意．
5) **bastide**：小城砦．

17

réussi à s'installer devant l'entrée du pont. Orléans est complètement assiégée.

Les Anglais sont bien armés : ils ont des canons qui lancent de lourds boulets de pierre et ils détruisent
* beaucoup de maisons. Les Orléanais résistent courageusement sous la conduite de Dunois, surnommé *le Bâtard d'Orléans*. Quand les Anglais essayent de pénétrer de force dans la ville, tous les habitants, hommes et femmes, montent sur les remparts[1] et
* ils les repoussent avec des flèches, des lances et de l'huile bouillante. Aussi les Anglais n'attaquent pas souvent. Ils préfèrent attendre : quand les habitants d'Orléans n'auront plus rien à manger, ils seront bien obligés de se rendre[2].

* Jeanne et l'armée du Dauphin sont arrivés près de la ville. Ils apportent des vivres[3], mais il faut pouvoir les faire entrer ! Impossible de passer par les portes : elles sont toutes gardées par les Anglais. Il faut les amener en bateau par le fleuve ; mais le
* vent est contraire et les bateaux ne peuvent remonter le courant.

Dunois a réussi à sortir de la ville malgré les

---

1) **rempart :** 城壁.
2) **se rendre :** ここでは,「降参する」の意. 他に「行く, 赴く」の意もある.
3) **vivres :** (*pl.*) 食糧, *cf.* couper les vivres aux ennemis.
4) **je le suis :** 中性代名詞の le. ① être, paraitre, sembler の後

18

Anglais. Jeanne s'adresse à lui:

— Etes-vous le Bâtard d'Orléans?

— Oui, je le suis.[4] Je me réjouis de votre arrivée. Mais les Anglais sont nombreux et puissants, beaucoup plus forts que l'armée du Dauphin. Et les * vents contraires empêchent de faire entrer les vivres dans la ville avec des bateaux.

Jeanne répond:

— Je vous apporte un secours plus puissant que celui de toutes les armées: c'est le secours de Dieu, qui * a eu pitié de votre ville et qui ne veut pas qu'elle tombe entre les mains de vos ennemis.

Au même instant, le vent change soudain de direction. Aussitôt on charge les bateaux, on hisse les voiles et les vivres sont introduits dans la ville * assiégée !

C'est le 29 avril. Le soir même, Jeanne met sa belle armure, monte sur un cheval blanc. Précédée de son page[5] qui porte son étendard et suivi de ses écuyers[6], elle entre dans la ville sans que les Anglais * aient seulement essayé de l'en empêcher.

*   *   *

にくる属詞に代る機能と ② 前出の不定詞，節，文に代る機能を
もつ．ここでは，le Bâtard d'Orléans に代って用いられている．

5) **page**：小姓，近習．

6) **écuyer**：(中世の騎士の) 従者，楯持ち．

C'est un magnifique cortège[1] qui traverse les rues de la ville au milieu du peuple émerveillé. A côté de Jeanne marche le Bâtard d'Orléans, magnifiquement armé. Derrière elle, on voit de nobles seigneurs, de riches bourgeois, de vaillants[2] capitaines. Tout autour, des hommes à pied portent des torches. Tout le monde chante des hymnes et pousse des cris de joie. Tout le monde veut voir Jeanne, que l'on appelle maintenant *la Pucelle*, c'est à dire la Jeune Fille. Tout le monde veut la toucher. Dans toute la ville c'est comme une immense fête.

Cependant la ville reste assiégée. Du haut de leurs barrières, les Anglais se moquent de Jeanne, l'insultent même. Pourtant ils ont peur d'elle. Ils croient que c'est une sorcière, une magicienne envoyée par le démon pour aider les Français. Ils lui crient :

— Quand tu seras notre prisonnière, nous te brûlerons.

Mais Jeanne la Pucelle ne les écoute pas. Elle prie et attend les ordres de Dieu. Le 4 mai elle annonce :

— Dans moins de cinq jours le siège devant Orléans sera levé, et il ne restera plus un seul Anglais devant la cité.

---

1) **cortège** : 行列.
2) **vaillant** : (valoir の現在分詞の古形) 雄々しい，勇ましい.

Mais maintenant qu'il y a de nouveau des vivres dans la cité, certains pensent qu'il ne faut pas essayer de sortir et qu'il vaut mieux attendre de nouveaux secours du Dauphin. Jeanne n'est pas de cet avis.

* Le 6 mai elle annonce:

— Levez-vous tous demain de bon matin[1], car nous aurons beaucoup à faire. Mais tenez-vous toujours auprès de moi, car je serai blessée et mon sang coulera.

* Le lendemain[2], les Français et les Anglais se battent toute la journée: les premiers essayent de prendre la bastide qui garde l'entrée du pont sur la rive gauche, les seconds s'efforcent de les en empêcher.

La bataille est violente. Jeanne la Pucelle est * toujours au milieu de la mêlée. Peu après midi, comme elle l'a annoncé, une flèche la frappe juste au-dessus du sein et son sang se met à couler. Et quand elle se sent blessée, elle prend peur et se met à pleurer. Mais sur sa blessure on met de l'huile * d'olive et du lard et elle repart au combat.

En voyant Jeanne blessée, les Français avaient perdu courage. Mais maintenant qu'elle est de nouveau au milieu d'eux ils recommencent à se battre avec ardeur.

Les Anglais ont reculé et ils ont dû se mettre à

---

1) **de bon matin**: 早朝から, de bonne heure le matin.
2) **le lendemain**: 翌日, *cf.* ce jour-là, la veille.

l'abri[3] à l'intérieur de la bastide. Alors, au moment où la nuit va tomber, la Pucelle s'élance, pose une échelle contre le mur de la bastide et saute à l'intérieur, suivie des soldats français. Beaucoup d'Anglais sont tués. Ceux qui réussissent à s'échapper * s'enfuient sur le pont. Mais tout à coup le pont de bois se fend et les Anglais tombent dans le fleuve. Leurs lourdes armures les empêchent de nager et ainsi ceux qui ne sont pas morts sous les épées des Français meurent noyés. *

*　　　*　　　*

Le lendemain, c'est le Dimanche 8 mai 1429. De bonne heure le matin, les Anglais sortent des bastides de la rive droite et se rangent en ligne de bataille[4] devant Orléans. Alors Jeanne fait sortir les Français et les fait ranger aussi en bataille devant les Anglais. * Mais elle leur défend d'attaquer, car c'est dimanche et l'on ne doit pas se battre ce jour-là parce que c'est *le Jour du Seigneur*.

Les deux armées restent pendant une heure, l'une en face de l'autre, sans bouger. Puis, l'heure passée, * les Anglais se mettent en route vers le nord : suivant la promesse de Jeanne, Orléans est délivrée !

---

3) **se mettre à l'abri** : 避難する.
4) **se ranger en ligne de bataille** : 戦列を組む.

Alors toutes les cloches de la ville se mettent à sonner. Et tout le peuple, les hommes et les femmes, les vieillards et les enfants, les riches et les pauvres, les seigneurs et les bourgeois, les commerçants et * les soldats, les prêtres et les religieuses, tous forment une immense procession[1]. En chantant et en pleurant de joie, ils font plusieurs fois le tour de la ville[2], s'arrêtant dans chaque église pour remercier Dieu de les avoir délivrés.

*　　　*　　　*

* Les habitants d'Orléans n'ont jamais oublié la petite bergère lorraine qui les a sauvés des Anglais : depuis ce jour, tous les ans, le 8 mai, toute la ville est en fête et l'on recommence la procession de 1429. Des bourgeois et des bourgeoises, des jeunes gens et * des jeunes fills habillés comme autrefois défilent dans les rues. Ils suivent la plus jolie et la plus sage des filles d'Orléans qui, vêtue d'une armure étincelante et montée sur un magnifique cheval blanc, porte avec fierté l'étendard de Jeanne la Pucelle, *la Pucelle* * *d'Orléans.*

---

1) **faire une procession**：行列する.
2) **faire le tour de la ville**：町を一周する.

IV

REIMS

La victoire de Jeanne était complète. Les Anglais s'étaient enfuis. Beaucoup de leurs officiers et de leurs soldats croyaient que la Pucelle était une sorcière, envoyée aux Français par le Diable, et ils étaient si effrayés qu'ils jetaient leurs armes et se ∗ cachaient dans les villages ou essayaient de rentrer dans leur pays. Le Dauphin en profita pour reprendre quelques villes et quelques châteaux.

Ses conseillers lui disaient qu'il fallait maintenant essayer de reprendre Paris, la véritable capitale de ∗ la France. Mais ce n'était pas l'avis de Jeanne qui insistait :

— Noble Dauphin, pourquoi écoutez-vous les conseils des hommes tandis que[3] moi je vous apporte le conseil de Dieu? Il faut aller à Reims le plus tôt ∗ possible pour y recevoir votre véritable couronne. Quand vous serez couronné roi, tous les Français seront avec vous et les Anglais n'auront plus de force.

Beaucoup de Français, en effet, croient que le vrai ∗

---

3) **tandis que** : 一方…であるのに.

25

roi de France, c'est Henri de Lancastre, le roi d'Angleterre Henri VI. A cette époque, pour le peuple, le roi est plus important que la patrie. D'ailleurs ce garçon de huit ans qui a été couronné roi
* de France dans la basilique de Saint-Denis est à moitié Français : son père est Anglais, mais sa mère est la fille de Charles VI, le roi fou. Il parle français. Vraiment, il n'y a aucune raison pour qu'on ne l'accepte pas comme roi.

* Et pourtant si[1]. Des raisons, il y en a deux : d'abord, si Henri de Lancastre est le petit-fils du dernier roi de France, le Dauphin est son fils. Bien sûr, beaucoup de gens croient qu'il est un bâtard. Sa mère la reine elle-même le prétendait ! Mais il
* n'est pas sûr que cela soit vrai. Et puis Henri VI a été sacré à Saint-Denis, et non à Reims, où ont été couronnés tous les rois de France depuis que Clovis y a été baptisé.

C'est pourquoi si le Dauphin reçoit la couronne
* dans la cathédrale de Reims, les Français le reconnaîtront pour leur vrai roi.

*   *   *

---

1) **Et pourtant si**：「ところが，そうではないのだ」前出の文が il n'y a aucune raison... と否定になっているため，si は更にその否定。Et pourtant si, il y a des raisons. と補って読めばよい。
2) **au fur et à mesure que...**：...につれて，...とすぐに。

Jeanne a réussi à convaincre le Dauphin. Mais pour aller à Reims, il faut traverser une région qui est contrôllée par les Anglais et leurs alliés Bourguignons. Pourtant les Français se mettent en marche, conduits par la Pucelle. Et chaque fois* qu'ils arrivent devant une ville, les portes s'ouvrent pour les laisser entrer. Au fur et à mesure que[2] leur troupe s'avance, beaucoup d'hommes se joignent à eux. Aussi c'est une véritable armée qui arrive à Reims, le samedi 16 juin 1429.   *

Le Dauphin avait peur que la ville résiste, mais Jeanne lui dit :

— N'ayez aucune crainte. Les bourgeois de la ville vont venir au-devant de vous.

Et en effet, quand la troupe des Français approche* de la ville, une délégation des notables de la cité[3] se présente devant le Dauphin. Ils viennent lui offrir l'obéissance des habitants. Une heure plus tard, il entre dans Reims, accueilli par une foule joyeuse qui crie sur son passage "Noël ! Noël[4] !* Vive le Roi !" Noël, qui est devenu aujourd'hui le nom d'une des fêtes les plus célèbres du monde, était autrefois un cri de joie.

---

3) **une délégation des notables de la cité**：市の有力な人々の代表団.

4) **noël**：（古くは）歓呼の声（現在では）クリスマス. クリスマス・キャロル, cf. crier noël（政治上の祝い事に）歓呼の声をあげる.

Le lendemain, c'est le dimanche 17 juin: dans l'immense cathédrale, le Dauphin Charles est couronné et devient le Roi Charles VII.

*　　　*　　　*

En 1429, la cathédrale de Reims est une église
* presque neuve. Bâtie au cours du XIIe et du XIIIe siècles, elle s'élève, toute blanche, au milieu des vieilles maisons champenoises[1]. En réalité, comme toutes les cathédrales du moyen âge, elle est inachevée. Il fallait en effet des dizaines et des dizaines
* d'années pour élever ces monuments gigantesques. Les pierres étaient apportées sur des charrettes[2] tirées par des bœufs. Elles étaient taillées à la main par des dizaines d'artisans, puis posées les unes sur les autres par des centaines d'ouvriers. Il n'y avait pas
* de machines pour les soulever et on ne connaissait pas les échaffaudages[3]. Aussi, pour pouvoir élever les murs, il fallait entasser de la terre, construire une véritable colline qui s'élevait en même temps que le bâtiment. Et cette terre, des milliers d'hommes et
* de femmes la portaient sur leur dos. Tous ceux qui travaillaient à la cathédrale étaient volontaires; ils

---

1)　champenois(*e*)：シャンパーニュ (Champagne) 地方の.
2)　charrette：二輪荷(馬)車 char に指小辞 *-ette* が付いたもの.
　　cf. jardin → jardinet, maison → maisonette.
3)　échaffaudage：足場を組むこと，足場.

28

faisaient cela pour la gloire de Dieu et pour le pardon[4] de leurs péchés. Les plus grands artistes, les meilleurs artisans venaient faire anonymement tout ce qui ne pouvait être fait que par des spécialistes — la construction, la décoration. Tout le reste était *
accompli par des gens venus souvent de très loin et appartenant à toutes les classes de la société : il y avait des paysans et des bourgeois, des seigneurs et des marchands, des prêtres et des vagabonds[5]. Tous travaillaient dans la joie, car en ce temps-là la foi *
religieuse était très grande.

Mais il y avait parfois des guerres, des épidémies[6], et alors le travail s'arrêtait pendant quelques mois ou même quelques années. Puis il reprenait. Mais, à mesure que le temps passait, l'ardeur des bâtisseurs *
diminuait. La construction ralentissait, puis finissait par s'arrêter avant que la cathédrale soit entièrement terminée.

Mais même inachevées, les cathédrales de France sont de magnifiques chefs-d'œuvres et des milliers de *
touristes de tous les pays et de toutes les religions viennent aujourd'hui les visiter et les admirer. Reims, Chartres, Amiens, Bourges, Rouen, Notre-Dame de

---

4) **pardon**：赦免.
5) **vagabond**：放浪者，浮浪人.
6) **épidémie**：流行病，悪疫.

Paris : il est vraiment impossible de dire laquelle est la plus belle !

*   *   *

Ce Dimanche 17 juin, toute la population de Reims est rassemblée sur le *parvis*[1], c'est-à-dire sur la vaste * place qui s'étend devant le triple portail[2] de l'église. C'est déjà l'été et il fait un soleil radieux. Mais la façade est dans l'ombre, car comme toutes les églises d'Europe occidentale, elle est tournée vers l'ouest.

La foule attend patiemment, et en attendant, elle * regarde les magnifiques sculptures qui ornent les portails. Une statue surtout attire tous les regards : elle représente un ange, et cet ange a un sourire si beau, si lumineux, qu'il est impossible de ne pas être émerveillé par son extraordinaire douceur. On * l'appelle d'ailleurs l'*Ange au Sourire*.

Tout à coup, des trompettes sonnent. D'une rue étroite arrive un cortège brillant. C'est le cortège du Dauphin. Monté sur un magnifique cheval noir, celui-ci porte un grand manteau d'hermine blanche[3], * brodé de fleurs de lys[4] d'or. Près de lui, sur un

---

1) **parvis** : (教会の) 前庭.
2) **portail** : (教会の) 正面玄関.
3) **hermine blanche** : 白てん.
4) **lys** [lis] : 現在は lis [lis] と綴る方が普通. 「百合, (フランス王朝の) 白百合の紋」.

cheval blanc, marche Jeanne la Pucelle, portant son
étendard. Derrière eux viennent les seigneurs et les
grands chefs de l'armée, vêtus d'argent et d'or.

Quand le cortège pénètre sur la place, toutes les
* cloches de la cathédrale se mettent à sonner dans les
deux tours, à toute volée[1]. Des pigeons, effrayés,
s'envolent tous ensemble des clochers. Le grand
portail s'est ouvert et l'archevêque[2] de Reims,
entouré de tous les prêtres de son église, s'avance
* pour accueillir le Dauphin. Celui-ci descend de
cheval et, suivi de son escorte puis de la foule, il
entre dans la grande nef[3].

Le cortège s'avance jusqu'au chœur. Au milieu
du chœur, un trône[4] a été placé : le Dauphin s'y
* assoit[5]. Jeanne reste debout près de lui, tenant son
étendard à la main. De chaque côté, des jeunes
garçons et des jeunes filles, tous vêtus d'une longue
robe blanche, chantent des cantiques[6].

La cérémonie est longue et magnifique. Jeanne
* est très émue ; elle a rempli sa mission : elle a délivré
Orléans et elle a conduit le Dauphin à Reims.

Maintenant, l'Archevêque s'est approché du Dauphin. Celui-ci s'est mis à genoux. L'Archevêque

---

1) **sonner à toute volée** : (鐘を) 力一杯に撞き鳴らす.
2) **archevêque** : (旧教の) 大司教, (新教の) 大監督.
3) **nef** : (教会の) 本堂.
4) **trône** : 玉座.

32

pose sur sa tête la couronne de France. Puis, avec son pouce qu'il a trempé dans de l'huile sainte, il trace une croix sur le front de Charles. Alors dans toute l'église s'élève un grand cri: "Vive le Roi!"

La cérémonie du sacre[7] est terminée. Charles le ∗ Dauphin est devenu le roi Charles VII.

---

5) **s'y assoit**: s'asseoir「坐る」には二種の活用形がある. s'y assied の形でもよい.

6) **cantique**: (聖書の中の) 聖歌.

7) **sacre**: (国王・司教の) 聖別式. ここでは戴冠式のこと.

V

COMPIEGNE

Maintenant que le Dauphin est devenu le Roi, beaucoup de Français qui, jusque-là, étaient plutôt du côté des Anglais, le reconnaissent comme leur maître et décident de lui obéir. De nombreuses villes s'ouvrent devant ses armées. Mais Paris reste fidèle aux Anglais. Les conseillers du Roi le pressent de reprendre sa capitale. C'est aussi, cette fois, l'avis de Jeanne. Mais Jeanne n'est plus conseillée par ses Voix. Sainte Catherine et Sainte Marguerite continuent à lui apparaître, mais ce n'est plus pour lui annoncer des victoires. Un jour de la semaine de Pâques, au mois d'avril 1430, elles lui disent :

— Jeanne, avant la Saint-Jean[1], tu seras prisonnière. Tu ne dois pas être étonnée car il faut que ce soit ainsi. C'est la volonté de Dieu et tu dois l'accepter.

La Saint-Jean, c'est le 24 juin, dans deux mois !

On pourrait faire beaucoup de choses, en deux mois. Mais le Roi est aussi indécis que lorsqu'il était dauphin. Il hésite, il attend, il recule. Avec ses compagnons, sans l'attendre, Jeanne va à Paris et

---

1) **la Saint-Jean**：聖ヨハネの祝日 (6 月 24 日)。la は la fête の省略を示している.

34

essaye de pénétrer dans la ville. Une bataille a lieu près de la Porte Saint-Honoré (tout près de l'endroit où se trouve, aujourd'hui la Comédie-Française). Une flèche blesse Jeanne à la cuisse. Une autre tue son porte-étendard. La Pucelle n'entrera jamais dans ✳ Paris.

✳   ✳   ✳

Parmi les villes qui ont reconnu comme roi de France Charles VII, se trouve la ville de Compiègne. C'est une importante cité sur la route du Nord, à quatre-vingts kilomètres de Paris. Comme elle garde ✳ le passage d'une assez grosse rivière, l'Aisne, les Anglais ne veulent pas la perdre. Aussi, par une négotiation avec le roi de France, ils obtiennent que la ville soit gardée par leur allié le Duc de Bourgogne. Mais les habitants de Compiègne refusent d'obéir au ✳ Duc, disant qu'ils préfèrent se tuer, eux, leurs femmes et leurs enfants[2]. Alors les Bourguignons viennent mettre le siège devant la ville.

Quand Jeanne apprend cela, elle décide d'aller à Compiègne et d'essayer de délivrer la ville, comme ✳ elle avait fait à Orléans. Et comme à Orléans, elle parvient à entrer dans la cité, avec une petite troupe,

---

2) ils préfèrent se tuer, eux, leurs femmes et leurs enfants: 彼らは，妻子を殺して自らも死んだ方がよいと思う．

35

sans être arrêtée par les Bourguignons.

C'est le 23 mai 1430. Le soleil se lève au moment où Jeanne entre dans la ville. Vers neuf heures, on lui dit qu'une bataille a commencé dans une prairie, * près du pont qui franchit la rivière. Jeanne décide d'y aller. Elle met son armure, fait préparer son cheval. Elle arrive et se joint à la mêlée[1] des combattants. Aussitôt qu'ils la voient, les ennemis s'enfuient. Elle les poursuit. Mais ainsi, elle s'éloigne * de la ville et du pont. Alors d'autres Bourguignons se précipitent derrière elle et lui coupent la retraite[2]. Les compagnons de Jeanne s'en aperçoivent et s'écrient :

— Retournons vite vers la ville, ou bien nous sommes * perdus[3] !

Mais Jeanne ne les écoute pas. Elle se fâche :

— Taisez-vous. Ne pensez qu'à une chose : avancer en frappant sur eux.

Ses compagnons refusent de l'écouter. Ils la for-* cent à faire demi-tour[4]. Quand les Bourguignons s'aperçoivent qu'elle revient pour rentrer dans la ville, ils se précipitent en grand nombre vers le pont.

---

1) **mêlée**: 乱闘, 衝突.
2) **couper la retraite à ～**: ～の退路を遮断する.
3) **être perdu(e)**: 黙目になる, 破滅する.

　　cf. 比較 $\begin{cases} \text{Je suis perdu}(e). \\ \text{Je me suis perdu}(e). \end{cases}$

Alors le capitaine qui commande les défenseurs, voyant les ennemis si nombreux et craignant qu'ils entrent dans la ville, fait fermer la porte et relever le pont. Jeanne ne peut plus rentrer. Des Bourguignons l'entourent. Elle se bat farouchement[5]. *
Un soldat s'approche d'elle, et la tirant par derrière[6], il la fait tomber de cheval. Alors un gentilhomme[7] s'approche et Jeanne accepte de se rendre à lui. Tout joyeux, le gentilhomme l'emmène et la conduit devant le Duc de Bourgogne. *

Désormais, Jeanne la Pucelle est prisonnière des Bourguignons.

---

4) **faire demi-tour**：引返す.
5) **farouchement**：猛然と.
6) **la tirant par derrière**：背後から彼女を引張って.
7) **gentilhomme** [ʒɑ̃tijɔm]：貴族, 貴人. *pl.* は gentilshommes [ʒɑ̃tizɔm].

VI

ROUEN

Les Anglais sont très heureux d'apprendre que Jeanne est prisonnière. La Pucelle est en effet le plus dangereux de leurs ennemis : non seulement elle a réussi plusieurs fois à les vaincre par les armes, * mais surtout, elle a rendu la confiance aux Français et à leur roi[1]. Avec Jeanne à leur tête, les soldats Français n'avaient peur de rien ; ils étaient sûrs de la victoire. Et souvent, c'est celui qui est le plus sûr de vaincre qui a le plus de chances de gagner. Et * puis, les Anglais sont, dit-on, superstitieux : ils croient aux fantômes, aux fées, aux sorcières, aux magiciens[2]. Ils sont persuadés que Jeanne est envoyée par le Diable et qu'elle a des pouvoirs surnaturels. Aussi, il ne leur suffit pas que la Pucelle soit entre les mains * des Bourguignons. Ils ont peur qu'elle leur échappe, ou que les Bourguignons la rendent aux Français lors d'une négociation. C'est pourquoi ils décident de

---

1) **rendre la confiance à** *qn* : 〜に自信を取戻させる.
2) **croire à** 〜 : 〜の存在を信ずる.

    cf. 比較 $\left\{\begin{array}{l}\text{Je ne crois plus au Père Noël.} \\ \text{Je ne crois plus Paul ; il est menteur.}\end{array}\right.$

3) **leur acheter leur prisonnière** : 彼らから, (彼らのの) とりこを買いとる. acheter *qch* à *qn* 〜から...を買う.
4) **ils la leur payent dix mille écus d'or** : Les Anglais payent

38

leur acheter leur prisonnière[3] : ils la leur payent dix mille écus d'or[4] !

Mais ils pensent que ce n'est pas suffisant de la garder prisonnière, même derrière les murs épais et les fortes grilles d'un cachot[5] : les Français croient ∗ que Jeanne est une sainte, envoyée par Dieu; il faut leur montrer qu'elle est une horrible sorcière, envoyée par le Démon et que c'est un péché grave de l'écouter et de la suivre. Ainsi les Français n'essaieront pas de la délivrer. ∗

Pour cela, il faut la faire juger et condamner par un tribunal de l'Eglise. Justement, la ville de Compiègne, où Jeanne a été prise, dépend de l'évêque[6] de Beauvais, Pierre Cauchon. Et Pierre Cauchon est un savant et habile juriste, ancien Recteur[7] de ∗ l'Université de Paris et entièrement dévoué aux Anglais. Un tribunal présidé par lui condamnera sûrement la Pucelle.

Mais on ne peut pas juger Jeanne à Beauvais : la ville est trop facile à atteindre pour les Français et ∗ ses habitants, comme ceux de Compiègne, n'aiment

---

la Pucelle dix mille écus d'or aux Bourguignons. *cf*. J'ai payé ce livre 10 francs. → Je l'ai payé 10 francs. J'ai payé 10 francs pour ce livre. とは言わない.

5) **cachot** : 土牢, 牢獄.
6) **évêque** : (旧教の) 司教.
7) **recteur** : (旧制度時代の大学の) 総長.

pas beaucoup les Anglais. Aussi décide-t-on de la conduire à Rouen[1].

Rouen est la capitale de la Normandie, cette province de l'ouest qui a appartenu pendant deux siècles au roi d'Angleterre. La ville même appartient aux Anglais depuis dix ans, et c'est là que se trouve le petit roi Henri VI. A Rouen, les Français ne pourront rien faire.

D'ailleurs, les Français n'ont pas l'air[2] de beaucoup se soucier du sort de la Pucelle. Peut-être même que le Roi Charles n'est pas fâché d'être débarrassé d'elle : il est sans doute très heureux d'avoir, grâce à elle, été couronné à Reims ; mais Jeanne l'a obligé à se battre, à agir, et Charles n'aime pas cela. Maintenant qu'il est roi, il préfèrerait rester bien tranquille dans sa capitale de Bourges !

Et puis, parmi les compagnons de Jeanne, il y avait beaucoup de jaloux et d'envieux. En remportant ses victoires, Jeanne montrait que les chefs français étaient des incapables, puisqu'ils avaient échoué là

---

1) **aussi décide-t-on...:** aussi, saus doute, à peine, peut-être など が節の冒頭にくると，直後におかれる主語と述語が倒置される. *cf. Peut-être* viendra-t-elle ce soir=*Peut-être qu'*elle viendra ce soir=Elle viendra ce soir *peut-être.*

2) **avoir l'air:** ① avoir l'air＋形容詞 (paraitre) 主語が物の場合，形容詞は主語と必ず一致するが，主語が人の場合はいずれでもよい. Ces fruits ont l'air bons. Elle a l'air intelligent(e).
② avoir l'air de＋不定詞 (＝sembler) Il a l'air d'avoir maigri.

40

où une simple jeune fille avait réussi! Ceux-là aussi étaient bien contents d'être débarrassés de cette bergère qui était plus habile qu'eux dans la conduite de la bataille.

Un an à peine après avoir porté son étendard auprès ∗ du roi dans la cathédrale de Reims, après avoir été un grand capitaine admiré de ses compagnons et adoré de ses soldats, Jeanne n'est plus qu'une pauvre prisonnière abandonnée de tous.

∗   ∗   ∗

Jeanne arrive à Rouen le 23 décembre 1430, à la ∗ tombée de la nuit[3]. Cette fois, il n'y a pas de foule pour l'acclamer[4], de cortège brillant pour la conduire. Elle est menée dans la prison du château et attachée avec des chaînes: il ne faut pas qu'elle risque de s'enfuir!
    ∗

Comme elle doit être jugée par un tribunal religieux, on aurait dû la mettre dans la prison de l'Eglise[5], où la vie est moins dure et où elle aurait été gardée[6] par des femmes. Mais les Anglais tien-

---

③ avoir l'air de＋名詞 (＝ressembler à) Sa maison a l'air d'un château.

3) **à la tombée de la nuit**: 日暮れに，*cf*. à la nuit tombante.

4) **acclamer**: 歓呼して迎える.

5) **on aurait dû la mettre dans la prison de l'Eglise**: 彼女を教会の牢に入れるべきだった（のにそうしなかった）.

6) **où elle aurait été gardée...**:「もし教会の牢に入れられたら」という条件文が言外にあるため，条件法過去におかれている.

41

nent à la surveiller eux-mêmes, et Jeanne devra subir la dure discipline de la prison civile et la brutalité des gardiens.

Le procès commence le 9 janvier 1431. Il durera
* jusqu'au 30 mai. Comme pour tous les procès, il y a d'abord la période d'*instruction*[1] : on fait des enquêtes en Lorraine, on s'assure que Jeanne est bien vierge, comme elle le prétend. Et surtout on l'interroge elle-même.

* Ces interrogatoires étaient terribles. Ils duraient parfois plus de huit à dix heures. Jeanne était seule en face de ceux qui la questionnaient. Il n'y avait aucun avocat pour la conseiller, et elle qui n'avait jamais été à l'école, elle devait se défendre seule
* contre des hommes très savants qui lui posaient des questions très difficiles. Mais Jeanne répondait toujours avec bon sens et simplicité, et les juges étaient quelquefois stupéfaits de voir comment elle parvenait à éviter le piège de question perfides[2] :
* — Etes-vous en état de grâce[3]? demande l'un d'eux.

Cela signifie : n'avez-vous pas commis de faute grave contre Dieu? Si elle répond que oui, les juges

---

1) **instruction**：予審.
2) **questions perfides**：人をおとし入れようとする質問, 誘導訊問のたぐい.
3) **en état de grâce**：神の恩寵に浴している.
4) **que Dieu m'y garde**：願望の que. garde は garder の接続法

lui demanderont comment elle peut en être sûre. Si
elle répond que non, ils lui demanderont pourquoi
elle ne s'est pas confessée pour être pardonnée. Mais
Jeanne répond tout simplement :
— Si je suis en état de grâce, que Dieu m'y garde[4] ; *
si je n'y suis pas, que Dieu veuille m'y mettre, car
je préfèrerais mourir que de ne pas être en règle avec
Dieu.

Mais les juges sont décidés à condamner la Pucelle
et ils font tout pour prouver que Jeanne est coupable *
des crimes dont on l'accuse : dans ses réponses, ils
notent tout ce qui lui est défavorable, mais ils
n'écrivent rien de ce qui lui est favorable. Jeanne
est interrogée en français, mais ses réponses sont
traduites en latin, qui est la langue officielle des *
tribunaux. Alors on fait des traductions fausses et
on fait dire à Jeanne, en latin, le contraire de ce
qu'elle a dit en français. Jeanne proteste, mais que
peut-elle faire, seule contre tous ?

*　　　*　　　*

Le 27 mars, l'instruction est terminée, et le procès *

現在.「神が私を (恩寵に浴す状態のまま) お守りくださるように」
次の que Dieu veuille m'y mettre も同じ構文. veuille は vou-
loir の接続法現在.「神が私を恩寵に浴せしめてくださるように」
いずれの y も en état de grâce を受けている.

43

public commence. De nouveau, les juges essaient de prendre Jeanne en défaut par leurs questions[1]. Mais ils veulent surtout lui faire avouer devant tout le monde qu'elle a menti, qu'elle n'est pas véritablement

* envoyée par Dieu, qu'elle n'a pas réellement entendu les voix, ou du moins que ce n'étaient pas les voix de Sainte Catherine et de Sainte Marguerite. En un mot, ils veulent la faire *abjurer*[2]. Pour y parvenir, ils imaginent une mise en scène[3] impressionnante.

* Dans le cimetière de l'église de Saint-Ouen, une grande estrade est dressée. En face de l'estrade, un bûcher est préparé, avec des fagots de bois bien sec. Sur l'estrade, les juges sont assis, dans leurs vêtements solennels. Jeanne est amenée devant eux. On lui

* fait un sermon pour lui expliquer que si elle n'abjure pas ses fautes, elle sera immédiatement brûlée. D'ailleurs, le bourreau est là, prêt à l'attacher sur le bûcher et à mettre le feu au bois. On lui présente une feuille qu'elle doit signer. Et elle est si effrayée, elle a si

* peur d'être brûlée, qu'elle signe sans savoir exactement ce qu'on lui fait signer. Par cette signature, elle avoue qu'elle a menti et elle fait la promesse

---

1) prendre **qn** en défaut：人の油断に乗ずる，あげ足をとる.
2) abjurer：ここでは，「自らが異端を宣誓してこれを捨てる」という意.
3) mise en scène：演出.
4) condamner **qn** au supplice：一般には「〜を体刑に処す」ここ

44

de toujours porter, désormais, des habits de femme.
C'est cette promesse qui va la conduire à la mort.

C'est que les Anglais étaient très en colère contre
l'évêque de Beauvais parce que les juges n'avaient
pas condamné Jeanne au supplice[4]. "Comment? *
disaient-ils, nous avons dépensé tant d'argent pour
acheter la prisonnière aux Bourguignons; nous en
avons dépensé encore davantage pour payer les juges,
et maintenant la Pucelle nous échappe! Sans doute
vous l'avez condamnée à la prison à vie[5], mais tant *
qu'elle n'est pas morte, elle reste dangereuse pour
nous." "Ne vous inquiétez pas, leur répond Cauchon, nous la rattraperons bientôt."

Cauchon connaissait bien la loi. Selon les règles
des tribunaux ecclésiastiques, on ne pouvait con- *
damner à mort que les *relaps*[6], c'est à dire les
hérétiques qui, après avoir reconnu leurs fautes,
retombent ensuite dans leurs erreurs. Comme hérétique, Jeanne est condamnée à la prison à vie; si
elle devient relapse, elle sera condamnée à être brûlée. *
Cauchon est persuadé que la Pucelle, qui vient d'abjurer ses fautes sous la crainte de la mort, ne tardera

---

では supplice が le dernier supplice「極刑」の意に用いられて
いて，condamner qn à mort「死刑に処す」の意.
5) condamner qn à la prison à vie: ～を終身刑に処す.
6) relaps(e) [rɔlaps]: 再び異端に陥った.

45

pas à retomber dans ce qu'il appelle ses mensonges.

Il ne se trompe pas. Comme il a renvoyé Jeanne dans la prison du château, les soldats anglais qui la gardent lui font tant d'outrages[1] et de violences en

* la voyant habillée en femme que moins de trois jours après, le visage plein de larmes[2], elle reprend les habits d'homme qu'elle avait juré de ne plus porter. Aussi le 28 mai, le procès est repris. Cette fois Jeanne est jugée comme relapse : deux jours plus

* tard, à la grande satisfaction des Anglais, elle est condamnée à mort.

*   *   *

Nous sommes le mercredi 30 mai. La Place du Vieux-Marché de Rouen est noire de monde[3]. Mais ce n'est pas la foule qui, il y a moins d'un an, sur

* le parvis de la cathédrale de Reims, attendait joyeusement le Dauphin Charles et la Pucelle pour les acclamer.

Au milieu de la place, une haute estrade est dressée, comme une scène de théatre. En face d'elle, un

---

1) **outrage**：凌辱, ひどい辱しめ. 次の violence「暴行」もほぼ同義.

2) **le visage plein de larmes**：「顔中涙にして」方法・状況を表わす副詞句では, 身体の部分及び所持品の前に定冠詞を用い, 所有形容詞は用いない. また, 前置詞をとらないことにも注意.
   cf. Je suis rentré *le cœur las.*
   他に les yeux pleins de larmes, la bouche ouverte, les mains

grand poteau a été planté. Autour du poteau, on a entassé de gros fagots de bois. Sur l'estrade, comme la semaine précédente dans le cimetière de Saint-Ouen, mais avec plus de solennité encore, les juges sont assis. Les évêques portent leur longue robe * violette et sont coiffés de la mitre d'or[4]. Ils sont entourés de prêtres, de greffiers[5]. Au pied de l'estrade se tiennent les Anglais, impatients de voir enfin mourir la Pucelle d'Orléans. Le plus impatient de tous, c'est sans doute le secrétaire du roi d'Angleterre * qui est assis au premier rang. Il a hâte de[6] pouvoir aller dire à son maître: "Ça y est, la Pucelle a été brûlée!"

Tout autour de la place se tient le peuple. Des centaines d'hommes, de femmes, d'enfants même, se * bousculent pour mieux voir, s'entassent, montent sur les bornes de pierre, sur des charrettes. Des têtes s'encadrent dans toutes les fenêtres des belles maisons normandes, dont les étages s'avancent au-dessus de la rue.   *

Tous les regards se tournent du même côté: voici

---

    dans les poches, les bras chargés de fleurs, la canne levée, le revolver au poing などがある.

3) **noir(s) de monde**: 人が蟻のはい出るすきもないほど大勢いて黒く見えるさま.

4) **coiffés de la mitre d'or**: 金の司教冠を冠って.

5) **greffier** [grefje]: (裁判所の) 書記.

6) **avoir hâte de** *inf*: ～を急ぐ.

Jeanne qui est amenée devant ses juges. Elle est vêtue d'une longue robe blanche et elle a les pieds nus. Son visage est très pâle et sa tête paraît minuscule à cause de ses cheveux coupés ras. Ses
* mains sont liées derrière son dos. Elle avance lentement, entre deux soldats qui la poussent rudement. D'autres soldats l'escortent : elle ne risque pas de s'échapper ! Comme elle paraît petite et fragile ! En la voyant, tout le monde a pitié d'elle[1].

* Quand elle entre sur la place, ce qu'elle aperçoit tout d'abord, c'est le bûcher. Elle le regarde en frissonnant.

— Hélas ! dit-elle, pourquoi me traite-t-on si durement ? Pourquoi faut-il que mon corps, qui est
* toujours resté pur, soit brûlé ? Ah ! j'aimerais mieux avoir la tête coupée sept fois que d'être ainsi brûlée toute vivante.

Puis elle se tourne vers l'estrade où ses juges l'attendent. Les soldats la conduisent devant Pierre
* Cauchon. Jeanne le regarde hardiment et s'écrie :

— Evêque, c'est par votre faute que je meurs !

L'évêque lui dit :

— Tu avais promis de ne plus remettre des habits

---

1) **avoir pitié de** 〜： 〜をあわれむ.

2) **Si vous me mettez..., et que je sois gardée...：** que は先行 の si に代わる. この時 que に導かれる従節中の動詞は接続法に

50

d'homme. Pourquoi as-tu repris ces vêtements, puisque tu sais bien que c'est une grave offense faite à
Dieu?

— Vous m'avez renvoyée dans la prison des Anglais,
où je suis gardée par des soldats grossiers et cruels. ∗
Et je suis attachée par des chaînes de fer. Quand ils
essaient de me faire violence, je ne puis me défendre.
Si vous me mettez dans la prison de l'Eglise, et que
je sois gardée par des femmes[2], alors je ferai tout
ce que l'Eglise voudra.   ∗

— Depuis le dernier interrogatoire, as-tu entendu tes
voix?

— Oui.

— Que t'ont-elles dit?

— Elles m'ont dit que j'avais offensé Dieu en signant ∗
mon abjuration. Je l'ai fait par peur du feu, pour
sauver ma vie. Aujourd'hui, je n'ai pas peur de dire:
oui! c'est Dieu qui m'a envoyée. Oui, les voix qui
me guidaient étaient celles de Sainte Catherine et de
Sainte Marguerite.   ∗

Tout le monde comprend alors que Jeanne est
perdue. Le secrétaire du roi d'Angleterre sourit.
Les juges discutent entre eux. Au bout d'un moment,

おかれる. *cf.* Si tu viens et qu'il fasse beau, nous irons à
Fontainebleau.

l'évêque de Beauvais se lève, et sa voix remplit la place au milieu du profond silence de tous les assistants[1].

Jeanne écoute debout, sans faiblir.

* — Nous déclarons que Jeanne, vulgairement appelée la Pucelle, a commis de nombreux crimes contre l'Eglise et contre la religion de Jésus-Christ. A cause de tous ces crimes, nous la déclarons hérétique. En outre, après avoir une première fois reconnu ses
* erreurs et demandé notre pardon, elle est retombée dans le péché. C'est pourquoi nous l'abandonnons à la justice civile comme hérétique et relapse.

* * *

C'est fini : Jeanne est condamnée à mort ! A peine l'évêque a-t-il prononcé la sentence que déjà
* le bourreau s'approche de la Pucelle. Il la prend rudement par le bras[2]. La jeune fille ne se défend pas. Elle demande seulement qu'on lui donne une croix. Un Anglais l'a entendue : il casse un petit bâton et en fait une croix. Il la présente à Jeanne.
* Elle demande qu'on la lui mette sur la poitrine, sous

---

1) **assistant**: 参会者, 参列者, 見物人.
2) **Il la prend rudement par le bras**: 身体の部分が動詞の目的語になっているときは, 所有形容詞をとらず, 定冠詞を用いるのが普通, その所有者を明示する場合には, 人称代名詞を先行させる. *cf.* Je *lui* ai tiré l'oreille. Les cambrioleurs *m*'ont lié(e) les

sa robe.

Elle avance vers le bûcher, les yeux levés vers le ciel. La foule se tait. Tout à coup, les cloches de l'église Saint-Maclou se mettent à sonner : c'est le glas[3], la lugubre sonnerie des morts. Maintenant, *
ce sont les juges qui sont pâles !

Jeanne est maintenant attachée au poteau, au milieu des fagots. Une corde lui lie les pieds, la ceinture, les épaules[4]. Le bourreau met le feu au bois. La flamme s'élève. Jeanne s'écrie :   *

— Sainte Catherine, Sainte Marguerite, Saint Michel, venez à mon secours !

Une épaisse fumée l'entoure brusquement. Le secrétaire du roi d'Angleterre s'approche du bourreau :   *

— Poussez un peu le feu de côté, lui dit-il : il faut qu'on voie qu'elle est bien morte et qu'elle ne s'est pas enfuie.

Le bourreau écarte un peu les fagots. A ce moment Jeanne pousse un grand cri : "Jésus !" puis sa tête *
retombe sur sa poitrine. Sa robe s'enflamme et son corps se met à brûler. De nombreux assistants

---

mains.
3) **glas**: 弔いの鐘.
4) **Une corde lui lie les pieds, la ceinture, les épaules**: 52 ペ
   ージ 注 2) 参照.

53

tombent à genoux. Un soldat anglais affirme qu'à
l'instant où Jeanne rendait le dernier soupir, il a vu
une colombe sortir de sa bouche et s'envoler du côté
de la France.

* Le feu éteint[1], on ramasse les cendres de la
victime : les juges ont ordonné qu'elles soient jetées
dans la Seine. Mais au milieu des braises[2] encore
fumantes, on trouve le cœur de Jeanne intact !

La foule est toujours silencieuse. Lentement, ceux
* qui viennent d'assister au supplice quittent la place
du Vieux-Marché. Tous pensent qu'une grande in-
justice vient d'être commise. Le secrétaire du roi
d'Angleterre regarde le cœur de Jeanne en pleurant.

— Nous sommes perdus, dit-il. Nous venons de
* brûler une sainte !

---

1) **le feu éteint** : 過去分詞がそれ自体の主語をもつ絶対過去分詞節
（この語群は節に相当する）で，時・原因・条件・対立などを表わ
す．この場合は時（先立性）を表わしている．（＝quand le feu est
éteint）．*cf. Son travail accompli*, il s'en allait chercher un logis.
2) **braise** :（火の）おき．

54

VII

EPILOGUE

Les Anglais sont débarrassés de Jeanne, mais la mort de la Pucelle marque la fin de leurs victoires. Jeanne disait : " Je suis venue, envoyée par Dieu, pour chasser les Anglais hors de France ". Moins de
* sept ans après sa mort, le roi de France, Charles VII entre dans Paris. Les parisiens le reçoivent " comme Dieu lui-même ". Le 10 novembre 1449, le roi de France entre dans Rouen. En 1450, toute la Normandie est reconquise. En 1451, c'est Bordeaux qui
* est repris et la Guyenne redevient française après deux siècles de domination anglaise.

Charles VII n'avait rien fait pour défendre la jeune bergère qui l'avait conduit à Reims et avait fait de lui un roi. Il est vrai qu'il ne pouvait pas faire
* grand-chose. Mais il aurait pu essayer de discuter avec les Bourguignons, tant que Jeanne était encore entre leurs mains. Il ne l'avait pas fait.

Mais à peine entré dans Rouen, il ordonne qu'une enquête soit faite sur le procès de condamnation de
* Jeanne :

---

1) **ils sont morts de mort violente** : 彼らは非業の死をとげた.
2) **Il semble que Dieu les ait punis** : il semble que の後では,

— Jeanne la Pucelle a été prise par nos anciens ennemis et amenée dans cette ville de Rouen. Ils ont
fait faire un procès contre elle, et dans ce procès on
a commis tant de fautes et d'abus que la Pucelle a
été condamnée et qu'ils l'ont fait mourir cruellement. *
Nous, le Roi de France, nous voulons savoir la
vérité sur ce procès et la manière dont il a été conduit. Aussi nous ordonnons qu'une enquête soit
faite et que ses conclusions soient portées devant
nous et devant les gens de notre conseil.   *

L'enquête est aussitôt entreprise. On examine tous
les documents qui sont gardés au Palais de Justice
de Rouen. On interroge tous ceux qui ont assisté
au procès et qui vivent encore. Il y a vingt ans que
Jeanne a été brûlée, mais il reste encore beaucoup *
de témoins.

Pourtant, ceux qui ont été les plus cruels envers
Jeanne sont morts. Et ils sont morts de mort violente[1] : Pierre Cauchon et un autre juge meurent
subitement en 1442 ; un autre juge est trouvé noyé *
dans un égoût ; un quatrième meurt de la lèpre. Il
semble que Dieu les ait punis[2].

L'enquête ayant montré que le procès avait été

動詞は接続法におかれるが, il me (te, lui...) semble que の後
は直説法であることに注意.

entièrement truqué[1], un nouveau procès est ordonné.
Bien sûr, il ne rendra pas la vie à la Pucelle, mais
elle sera *réhabilitée*[2], c'est à dire que son innocence
sera proclamée. On prouvera que la Pucelle n'avait
* jamais menti, et qu'elle n'était ni hérétique ni relapse.

C'est la mère de Jeanne, Isabelle d'Arc, qui vit
encore, et ses deux frères Pierre et Jean, qui sont
parties civiles[3], c'est-à-dire qui demandent réparation
pour le tort qui a été fait à Jeanne et à sa famille.

* — J'avais une fille, dit Isabelle, que j'avais élevée
dans l'amour de Dieu et le respect de l'Eglise. Des
ennemis de notre pays l'ont fait juger de façon per-
fide, l'ont condamnée de façon criminelle et l'ont
fait mourir très cruellement par le feu...

* Le 7 juillet 1456, dans la grande salle du Palais
de l'Archevêque de Rouen, un nouveau tribunal est
réuni. Devant la foule, l'Archevêque de Reims qui
le préside proclame :

— Nous, siégeant à notre tribunal[4], déclarons devant
* Dieu que le procès et la condamnation de Jeanne la
Pucelle, rempli d'injustices, de calomnies, de contra-
dictions et d'erreurs, sont nuls et sans valeur. Nous

---

1) **L'enquête ayant montré que...**： 現在分詞がそれ自体の主語を
 もつ絶対現在分詞節で，原因・条件・同時性を表わす．この場合
 は原因を表わしている (＝Comme l'enquête a montré que...).
 cf. Le courage me manquant, je n'en dis pas davantage.
2) **réhabilité(e)**：復権を許された(者)，有罪宣告を取り消された(人).

les cassons et les annulons.

Et aussitôt, devant la foule, un exemplaire des documents du procès est symboliquement déchiré. Le lendemain, la même cérémonie est répétée sur la place du Vieux-Marché. Une croix y est élevée "en * mémoire perpétuelle et pour qu'on y prie pour le salut de son âme et celui des autres défunts[5]."

Cinq cents ans plus tard, en l'église Saint-Pierre de Rome, le Pape fait de Jeanne d'Arc une nouvelle sainte de la religion catholique. A Paris, le Gou- * vernement de la République la déclare "héroïne nationale" et fait de l'anniversaire de sa mort, le 30 mai, une fête nationale. Mais le peuple de France n'avait pas attendu si longtemps pour honorer celle qui l'avait sauvé des Anglais et qui était devenue * pour toujours, Jeanne d'Arc, la *Pucelle d'Orléans.*

---

3) **partie civile**:（刑事事件での）損害賠償請求人.
4) **siégeant à notre tribunal...**：我々の法廷に裁判官として職務を果たしている.
5) **défunt**：故人.

音声はこちら

https://text.asahipress.com/free/french/jeannedarc/

ジャンヌ・ダルク

検印省略	ⓒ 1975年4月1日　第1版発行 2012年1月30日　第12刷発行 2024年11月1日　改訂第1版発行

編著者　　　クリスチャン・ボームルー
　　　　　　　丸　山　圭三郎

発行者　　　原　　雅　久
発行所　　　株式会社　朝日出版社
　　　　　　101-0065 東京都千代田区西神田 3-3-5
　　　　　　　電話 (03)3239-0271・72
　　　　　　　振替口座　00140-2-46008
　　　　　　　https://www.asahipress.com
　　　　　　錦明印刷株式会社

乱丁、落丁本はお取り替えいたします。
ISBN978-4-255-35348-7　C1085

本書の一部あるいは全部を無断で複写複製（撮影・デジタル化を含む）及び転載することは、法律上で認められた場合を除き、禁じられています。